Inhalt

Spielerische Leseübungen ▪ 2
Sätze verstehen und zuordnen ▪ 4
Ich verstehe, was ich lese ▪ 6
Passende Wörter ergänzen ▪ 8
Wichtiges im Text erkennen ▪ 10
Kennst du die richtige Antwort? ▪ 12
Eine passende Überschrift finden ▪ 14
Im Text nachlesen ▪ 16
Ein Rezept verstehen ▪ 18
Steckbriefe verstehen ▪ 20
Experimente durchführen ▪ 22
Mit Zeitungstexten umgehen ▪ 24
Informationen aus dem Internet ▪ 26
Wiederholung ▪ 28
Alles auf einen Blick ▪ 30
Knack den Code ▪ 32

- Im Heft findest du Regeln und Tipps, die dir beim Lösen der Aufgaben helfen.

- Aufgepasst: Die Aufgaben mit einer  sind etwas schwieriger.

- Lege die  auf die roten Lösungsfelder, dann werden die richtigen Ergebnisse sichtbar.

Spielerische Leseübungen

1 Finde im Text die sechs falschen Buchstaben und verbessere sie. Wie heißt der Ritter? Die richtigen Buchstaben ergeben den Namen.

> Das ist ein kleiner Ditter. Er lebt auf einer Borg. Das micke Pferd Fred ist sein bester Freund. Fred isst am liebsten Karetten. Der Ritter sitzt fest im Sattep. Ort reiten sie gemeinsam aus.

Der Ritter heißt ______.

2 Lies den Text aufmerksam durch. Male danach die Burg des kleinen Ritters auf ein extra Blatt.

Die Burg steht auf einem Berg. Sie hat drei Türme. Der mittlere Turm ist am höchsten. Auf dem linken Turm weht eine Fahne. Im rechten Turm sind drei Fenster zu sehen. Rudolf schaut aus dem Fenster im linken Turm.

3 Weißt du, wie Rudolfs Familienfahne aussieht? Lies genau und kreise die richtige Fahne ein.

Die Fahne ist rot. Sie hat Streifen. Zwei der Streifen sind gelb. Links neben den Streifen ist eine Burg.

4 a) Lies die Geschichte durch und decke sie dann zu.

Rudolf zieht an einem  ntag seine  an. Dann sattelt er sein . Er reitet aus der  hinaus über die 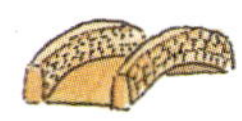. Schnell reitet der kleine  am  entlang. Schon bald erreicht er den . Nach einer Weile macht er unter einem  Rast. Dort wartet er auf seine Freunde.

b) Ergänze die Sätze aus deinem Gedächtnis.
Kontrolliere dann deine Antworten mit dem Text.

Er reitet aus der ____________ hinaus über die ________________. Er galoppiert am ____________ entlang und kommt in den ____________.
Unter einem ______________ macht er Rast.

5 Wie heißen die drei Freunde von Rudolf?

____________ ____________ ____________

a) Alfons steht neben dem Ritter mit den braunen Stiefeln.
b) Kunibert trägt anstelle des Helms einen alten Hut.
c) Wilfried hat als Einziger sein Schwert dabei.

Sätze verstehen und zuordnen

1 Lisa und Tom sind am kleinen Teich im Park.
Was sehen sie? Trage die Nummern der Sätze
an der richtigen Stelle im Bild ein.

1. In der Mitte des Teichs schwimmt eine Seerose.
2. Auf dem Stein sitzt eine Kröte und sonnt sich.
3. Die Libelle fliegt über den Teich.
4. Der Frosch am Ufer fängt eine Fliege.
5. Zwischen den Gräsern ist eine Spinne.
6. Im Schilfgras baut ein Vogel sein Nest.
7. Eine Ente schwimmt auf dem Teich.
8. Neben den Steinen leuchten gelbe Blumen.

2 Die Eier der Frösche heißen Froschlaich.
Wie viele Eier legt das Weibchen?
Schlage dazu in einem Lexikon nach.

3 Ergänze die Sätze mit den passenden Satzteilen und du weißt, was die Tiere am Teich tun.

Die Spinne ______________________

Der Reiher ______________________

Der Frosch ______________________

Der Vogel ______________________

4 Lies den Text durch. Entscheide dann, ob die Sätze darunter richtig oder falsch sind.

Libellen haben glänzende Flügel.
Libellen können in der Luft stehen bleiben.
Sie können sogar rückwärts fliegen.
Libellen haben keinen Stachel.
Sie sind für den Menschen nicht gefährlich.

- ☐ Libellen haben Flügel.
- ☐ Libellen können nicht gut fliegen.
- ☐ Libellen haben einen Stachel.
- ☐ Libellen sind für den Menschen ungefährlich.

Ich verstehe, was ich lese

1 Familie König macht ein Lagerfeuer.
Lies dir die fünf Sätze aufmerksam durch.
Nur einer davon ist richtig. Kreise ihn ein.
Streiche in den anderen Sätzen die falschen Wörter durch.

1. Das Lagerfeuer brennt gut mit nassem Holz.
2. Das Lagerfeuer rennt gut mit trockenem Holz.
3. Das Lagerfeuer brennt gut mit trockenem Holz.
4. Das Lagerfeuer brennt nicht mit trockenem Holz.
5. Das Licht brennt gut mit trockenem Holz.

2 Der Vater erzählt, was er über das Feuer weiß.
Suche die Fehler im Text. Ersetze sie durch die passenden Wörter unter den Bildern.

Blitz

So kam das Feuer zu den ~~Tieren~~ Menschen.

Der Donner traf einen Baum.

Die Tropfen erhellten den Wald.

Am Feuer entzündeten die Menschen einen Grashalm.

Diesen brennenden Ast brachten sie in ihre Hütte.

Das machte ihre Höhle dunkel und kalt.

Nie durften sie ihr Licht ausgehen lassen.

Ast

Flammen

Höhle

hell und warm

Menschen

Feuer

3 Während der Vater erzählt, hat niemand auf das Feuer geachtet. Doch es ist nichts passiert. Lies dir die Tipps gut durch und versuche, die Lücken mit deinem eigenen Wissen zu füllen.

Wichtige Lagerfeuertipps

1. Mache Feuer nur in Begleitung eines ______________.
2. Behalte das Feuer immer im ______________.
3. Stelle immer einen Eimer mit __________ bereit.
4. Für den Notfall solltest du die Nummer der Feuerwehr kennen: die ________.

4 a) Lies dir im folgenden Text zunächst nur die dick gedruckten Wörter durch. Kannst du trotzdem sagen, worum es geht? Lies erst danach den Text ganz durch.

Es **brennt.** Ich wähle **112.**
Das ist die Nummer der **Feuerwehr.**
Ich sage, **wer ich bin** und **wo es brennt.**
Außerdem sage ich, **was brennt.** Jetzt kann die Feuerwehr schnell kommen und **helfen.**

b) Sprich die Antworten auf die Fragen laut.

1. Wie lautet die Telefonnummer der Feuerwehr?
2. Welche Angaben machst du am Telefon?

Passende Wörter ergänzen

1 Der Förster trifft sich mit den Kindern auf der Wiese. Ergänze die Lücken mit den Wörtern aus der Liste.

Auf einer ____________ wachsen viele Blumen und ____________. Außerdem ____________ hier zahlreiche ____________. Die Tiere leben in unterschiedlichen ____________________________ der Wiese.

2 a) Welche Tiere leben wo? Lies den Sachtext genau und male die Tiere in ihre Lebensräume.

Im **Blütenstockwerk** leben Schmetterlinge und Bienen. Sie ernähren sich vom Nektar aus den Blüten und sammeln Blütenpollen.
Im **Blätterstockwerk** leben Tiere, die frisches Grün fressen. Hier kann man Raupen, Blattläuse und Käfer beobachten.
Direkt auf der Erde ist es meist besonders kühl und feucht. Hier verstecken sich Schnecken, Käfer und Grasfrösche.
Unter der Erde leben Tiere, die man nur selten sieht. Das sind zum Beispiel Maulwürfe, Feldmäuse und Regenwürmer.

b) Warum leben die Tiere im Blütenstockwerk und im Blätterstockwerk? Unterstreiche die Antworten im Text farbig.

3 Aus diesem Text sind ein paar Wörter herausgefallen. Schreibe die Sätze auf die Linien und füge dabei die Wörter aus der Liste an der richtigen Stelle ein.

Der Grashüpfer

Dies ist ein mit Flügeln. Es von einem Grashalm zum anderen. Durch seine Farbe kann es sich auf der gut vor verstecken.

____

____

____

____

____

4 Welche Wörter fehlen im Text? Ergänze in jedem Satz das fehlende Wort. Zeige mit einem Pfeil, an welche Stelle es gehört.

Aus der wird ein Schmetterling. ___Raupe___

Der Schmetterling legt viele auf eine Pflanze. ____________

Die schlüpft nach etwa 10 Tagen. ____________

Sie viel und häutet sich viermal. ____________

Dann verwandelt sie sich in eine. ____________

Aus der Puppe schlüpft ein. ____________

Wichtiges im Text erkennen

1 a) Tim ist neu in der Klasse. Die Kinder stellen sich vor. Lies die Aussagen der Mitschüler und schreibe zu jedem von ihnen das Hobby auf.

Tipp Einzelne Teile der Sätze sind farbig unterstrichen. So werden wichtige Informationen sichtbar gemacht und es ist einfacher für dich, den Text zu verstehen.

b) Unterstreiche auch in den Sprechblasen von Anna und Paul die wichtigsten Informationen farbig.

2 Tims Hobby ist die Arktis. In der Klasse erzählt er, was er schon weiß. Unterstreiche die wichtigsten Informationen über die Arktis. Die Fragen rechts können dir helfen.

Das Gebiet um den Nordpol wird Arktis genannt. Es liegt mitten im Eismeer. In der Arktis ist der Erdboden fast immer gefroren. Hier leben die Eskimos, die sich selbst Inuit nennen. Früher bauten sie Häuser aus Schneeblöcken, die Iglus. Die Inuit ernährten sich vom Fischfang und durch die Jagd auf Seehunde. Heute aber wohnen viele von ihnen in Städten und in richtigen Häusern.

Tipp Die unterstrichenen Satzteile kannst du auch aufschreiben. Dann nennt man sie Stichwörter. Mit ihrer Hilfe lässt sich der Inhalt eines Textes gut wiedergeben.

3 Beantworte die Fragen in Stichwörtern.

Wie ist der Erdboden in der Arktis? [redacted]

Wo leben viele der Inuit heute? [redacted]

Kennst du die richtige Antwort?

1 Der Polizist erzählt, was ein verkehrssicheres Fahrrad haben muss. Kreise in jeder Zeile das passende Stichwort ein und male die Zahlenfelder an.

Satteltasche (1)	Rücklicht (2)	Radio (11)	Trinkflasche (4)
Bremse (5)	Gepäckträger (6)	Markenname (7)	Fähnchen (8)
Korb (9)	Vorderlicht (10)	Rückspiegel (3)	Fahrradständer (12)
Klingel (13)	Luftpumpe (14)	Abstandhalter (15)	Tacho (16)

2 Zum sicheren Radfahren gehören viele Dinge. Lies den Text und überlege, ob die Aussagen unten stimmen oder nicht. Male daneben das passende Gesicht:  oder .

> Zum sicheren Radfahren gehört auch die richtige Schutzbekleidung. Besonders wichtig ist dabei der Fahrradhelm. Bei einem Sturz muss er den Kopf schützen. Deshalb sollte er nicht zu locker im Nacken getragen werden. Der Helm darf die Sicht nicht einschränken und muss die Ohren frei lassen.

Radfahren wird sicherer mit Schutzbekleidung.

Besonders wichtig ist die große Sonnenbrille.

Der Helm kann bei einem Sturz den Kopf schützen.

Die Ohren müssen zum Musikhören frei bleiben.

Das Wichtigste am Helm ist das Aussehen

3 Die Kinder üben das Anfahren vom Fahrbahnrand.
Unterstreiche für dich Wichtiges in den Sätzen.
Entscheide dann, ob die Sätze zum Text richtig (r) oder falsch (f) sind. Verbessere die Fehler mündlich.

Das Fahrrad ist links von dir. Schiebe es an den rechten Fahrbahnrand. Dort steht es in Fahrtrichtung. Beobachte den Verkehr.

Prüfe mit einem Blick über die linke Schulter, ob kein anderer Verkehrsteilnehmer kommt.

Mache ein deutliches Handzeichen mit der linken Hand. Es zeigt, dass du anfahren willst.

Beim Anfahren hast du beide Hände am Lenker.

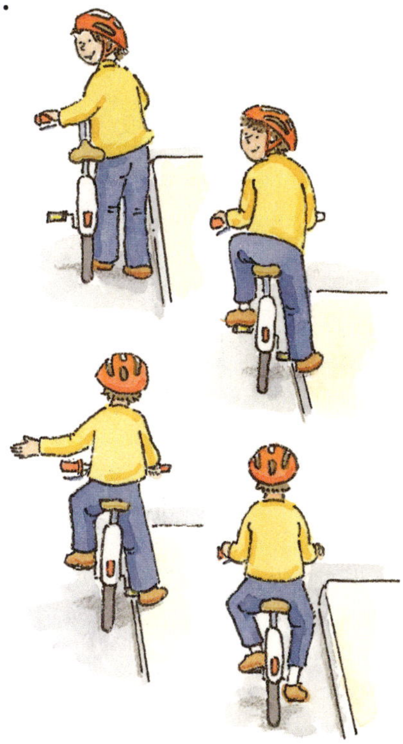

Schiebe das Fahrrad an den linken Fahrbahnrand.
Beobachte den Verkehr und auch den Himmel.
Schaue über deine linke Schulter.
Mit diesem Blick prüfst du, ob deine Mutter dir winkt.
Mache ein deutliches Zeichen mit der linken Hand.
Es zeigt, dass du gleich abbiegen willst.
Beim Anfahren hast du beide Hände am Lenker.

Tipp Bist du dir unsicher, lies noch einmal im Text nach.

4 Übe in Begleitung eines Erwachsenen das sichere und richtige Anfahren vom Fahrbahnrand.

Eine passende Überschrift finden

1 Karlo hat sich ein Waldquiz überlegt.
Schreibe die Überschrift zum passenden Bild.

Das frisst der Buntspecht

Buntspechte leben im Wald

Der Buntspecht baut seine Höhle

Tipp Eine Überschrift sagt dir, worum es in einem Text geht. So findest du selbst Überschriften:

1. Lies den Text langsam und aufmerksam.
2. Unterstreiche wichtige Wörter.
3. Fasse diese in einer Überschrift zusammen.

2 Wähle für zwei Texte die passende Überschrift aus.
Finde für einen Text selbst eine Überschrift.

Den Winter verschläft der Igel. Sein Körper hat sich auf den Winterschlaf eingestellt. Erst im Frühling erwacht er wieder.

Kurz vor Beginn des Sommers bringt die Igelmutter meist vier bis sieben Junge zur Welt. Sie sind bei Geburt blind und ihre Stacheln noch weich.

Igel sind Allesfresser. Gerne fressen sie Regenwürmer, Obst, Insekten und kleine Schlangen.

3 a) Unterteile den Text in Abschnitte: Unterstreiche das, was zusammengehört, in der gleichen Farbe.

Wildschweine werden etwa 150 kg schwer. Ihr Fell ist graubraun. Der Kopf ist keilförmig und die Ohrmuscheln stehen aufrecht. Wildschweine sind die größten Allesfresser der Erde. Zu ihrer Nahrung gehören Eicheln, Pilze, Getreide und Würmer. Bei der Nahrungssuche durchwühlen sie nachts den Boden. Dabei können sie auf Äckern großen Schaden anrichten. Tagsüber verstecken sie sich im Dickicht der Wälder. Sie sind gute Läufer und schnelle Schwimmer.

b) Finde passende Überschriften für die Abschnitte. Trage sie links ein und fülle den Steckbrief aus.

Steckbrief des Wildschweins

Im Text nachlesen

1 a) Im Zeltlager erfährt Tom einiges über die Indianer. Lies den Text aufmerksam und versuche, dir so viel wie möglich zu merken.

Die Indianer werden nach Tieren, tapferen Taten oder nach Naturerscheinungen benannt.
Sie heißen beispielsweise Schneller Büffel, Flinker Adler oder Schöne Blume.
Der Medizinmann gibt dem Baby einen Namen.
Eine Indianerfrau behält ihren Namen ihr Leben lang. Bei einem Indianermann kann er sich ändern. Dies geschieht oft nach einer tapferen Tat oder einem besonderen Erlebnis.

b) Decke den Text ab. Erzähle zu den Stichwörtern, was du noch darüber weißt.

Medizinmann — Indianerfrau — Indianermann

2 Später darf Tom mit dem Kanu fahren. Dazu muss er einiges wissen. Welche Sätze auf den Kanus stehen genau so im Text? Kreuze an.

Ein Kanu ist ein langes, schmales Boot. Indianer fuhren mit ihnen zum Fischen. Sie bauten die Kanus selbst aus Baumstämmen. Heute werden Kanus aus Kunststoff hergestellt.

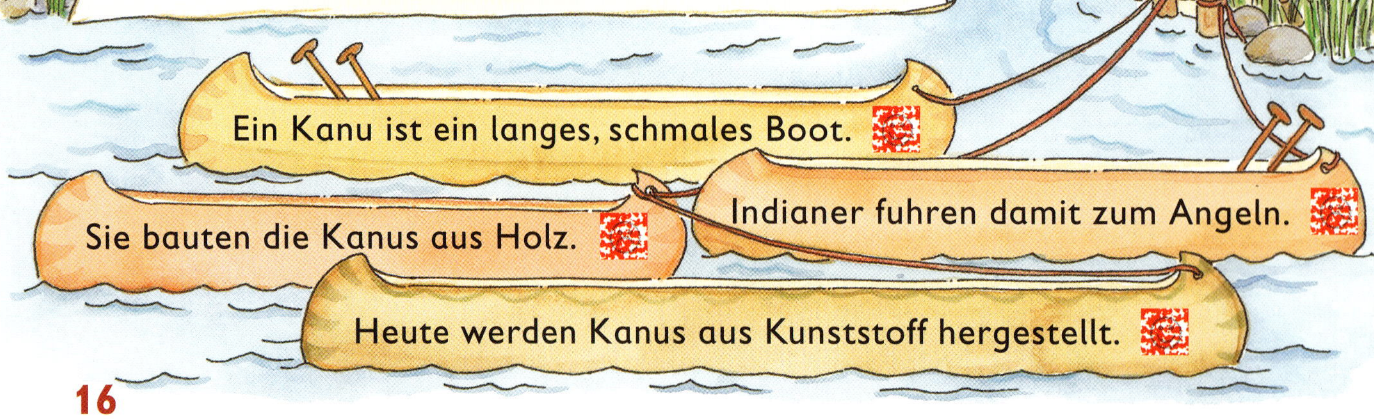

3 Tom erfährt, wie sich Indianer schmückten.
Suche den umgestellten Satz. Male ihn gleichfarbig an.

Jeder Stamm hatte seine eigene Kopfbedeckung.

Der Stamm der Sioux trug Kopfschmuck aus Federn der Königsadler.

Die Irokesen trugen einen einfachen Stoffturban.

Die Apachen banden sich ein Band um die Stirn.

Beim Kopfschmuck der Dakota-Indianer hatte jede Feder eine bestimmte Bedeutung.

Um die Stirn banden sich die Apachen ein Band.

Jede Feder hatte beim Kopfschmuck der Dakota-Indianer eine bestimmte Bedeutung.

Seine eigene Kopfbedeckung hatte jeder Stamm.

Einen einfachen Stoffturban trugen die Irokesen.

Kopfschmuck aus Federn der Königsadler trug der Stamm der Sioux.

4 Lies den Text. Unterstreiche die Antworten auf die Fragen rechts.

Im Jahr 1492 segelte Christoph Kolumbus mit drei Schiffen von Spanien fort. Er wollte über den Atlantischen Ozean Indien erreichen. Als er endlich Land erblickte, glaubte er, in Hinterindien zu sein. Deshalb nannte er die Menschen, die ihn am Strand erwarteten, Indianer. Doch Kolumbus hatte keinen neuen Seeweg nach Indien, sondern Amerika entdeckt.

1. *Wer segelte mit drei Schiffen los?*
2. *Wann war das?*
3. *Auf welchem Meer segelte er?*
4. *Wohin wollte er?*
5. *Wie nannte er die Menschen dort?*
6. *Was war sein Irrtum?*

Ein Rezept verstehen

1 a) Tina will mit ihrer Tante Kartoffelsalat machen.
Dazu braucht sie verschiedene Dinge. Markiere sie.

Küchenmesser, Küchensieb, Butter, Salz, Essig, Pfeffer, Schere, Dosenöffner, Salatschüssel, Topf, Küchenbrett, Salatbesteck, Öl, Pfanne, Wasser, Marmelade, Backform, Kartoffeln, Milch

b) Ordne jetzt die markierten Dinge
den richtigen Oberbegriffen zu.

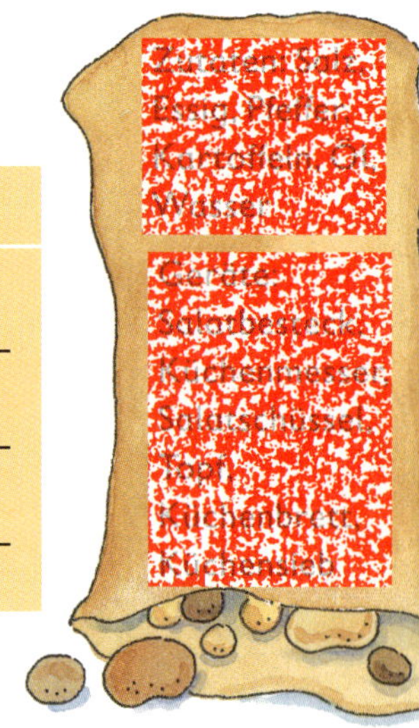

Zutaten		Geräte	
____________	____________	____________	____________
____________	____________	____________	____________
____________	____________	____________	____________

2 Die Tante erklärt Tina, was sie tun soll.
Bringe die Sätze in die richtige Reihenfolge.

- ◯ Lass die Kartoffeln im Sieb abkühlen und schäle sie.
- ◯ Für die Salatsoße streust du ein wenig Salz und ein wenig Pfeffer über die Kartoffeln. Dann gießt du etwas Öl und Essig dazu.
- ◯ Fülle die Kartoffeln in einen Topf und koche sie.
- ◯ Gib sie in die Salatschüssel.
- ◯ Schneide die Kartoffeln in feine Scheiben.
- ◯ Zum Schluss vermischst du alles mit dem Salatbesteck. Fertig ist der Kartoffelsalat.

3 Tinas Rezepte für Kartoffelsuppe und Bratkartoffeln sind durcheinandergeraten. Markiere die Sätze, die zusammengehören, mit der gleichen Farbe.

Zuerst musst du die Kartoffeln schälen.

Lass alles 20 Minuten bei schwacher Hitze köcheln.

Koche zuerst die Kartoffeln und lass sie dann abkühlen.

Brate die Kartoffelscheiben goldbraun.

Bringe nun Wasser und Gemüsebrühe zum Kochen.

Stelle eine Pfanne auf den Herd und gib Fett hinein.

Schäle sie jetzt.

Würze die Suppe mit Muskatnuss. Guten Appetit!

Schneide jetzt die Kartoffeln in Würfel.

Würze sie mit Salz und Pfeffer und lass sie dir schmecken.

Schneide die Kartoffeln in Scheiben.

Wenn alles kocht, gibst du die Kartoffeln, Salz und Pfeffer dazu.

Tipp Beim Markieren werden wichtige Inhalte im Text farbig angestrichen. Verwendest du verschiedene Farben, kannst du unterschiedliche Inhalte kennzeichnen und hervorheben.

4 Entscheide dich für ein Rezept und schreibe es in der richtigen Reihenfolge auf.

Steckbriefe verstehen

1 Ole findet in einem Buch kleine Steckbriefe über Tiere. Errätst du, welche Tiere beschrieben sind? Unterstreiche, woran du sie erkannt hast.

Größe:
über 5 Meter
Aussehen:
langer Hals,
braune Flecken,
4 lange Beine
Nahrung:
Blätter und
Zweige

____

Lebensweise:
lebt in einer
Herde
Nahrung:
Gras
Besonderheit:
wird einmal im
Jahr geschoren

____

Lebensraum:
Dschungel
Aussehen:
rötlich-gelbes Fell
mit schwarzen
Streifen
Besonderheit:
größte Katze
der Welt

____

Tipp Steckbriefe sind kurz gefasste Beschreibungen von Lebewesen, Pflanzen oder Dingen. Die dick markierten Wörter nennt man Oberbegriffe.

2 Fülle den Steckbrief über Gorillas mithilfe der Stichwörter aus.

1. Aussehen: ________________________________

____

2. Lebensraum: ______________________________

3. Lebensweise: ______________________________

____

4. Nahrung: ________________________________

5. Besonderheiten: ____________________________

3 Lies den Text aufmerksam. Finde vier passende Oberbegriffe. Unterstreiche jeweils in der gleichen Farbe, welcher Oberbegriff zu welchem Satz passt.

Löwen kommen in Asien und Afrika vor.
Sie haben ein gelbbraunes Fell. Die Männchen haben eine prächtige Mähne. Die Weibchen sind kleiner und leichter. Löwen leben in einem Rudel mit 5 bis 9 Weibchen und 2 bis 3 Männchen. Die Jagd ist Aufgabe der Weibchen.
Die Männchen verteidigen das Revier.
Löwen fressen bevorzugt Fleisch.

Tipp Markiere Wörter, die du nicht kennst, in einer anderen Farbe. Schlage sie in einem Lexikon nach.

4 Lies den Steckbrief zum Dachs. Schreibe dann einen zusammenhängenden Text auf ein Blatt.

Aussehen:	85 cm lang, 20 kg schwer, kräftige Vorderbeine mit langen Krallen, sein Körper ist grau-braun gefärbt, sein Hals und sein Gesicht haben eine besondere Weißfärbung
Lebensraum:	Wald, lebt in einem unterirdischen Bau von bis zu 20 m Länge
Lebensweise:	Kommt erst in der Dämmerung aus seinem Bau
Nahrung:	Geht nachts auf Futtersuche, frisst Regenwürmer, Insekten und vor allem Pflanzen

5 Informiere dich in einem Sachbuch über dein Lieblingstier und schreibe einen Steckbrief.

Experimente durchführen

1 Philipp ist ein Tüftler. Besonders gern macht er Experimente zum Thema „Luft“. Machst du mit? Beobachte immer genau und beschreibe jedes Experiment kurz. Finde eine Erklärung.

Experiment 1:

____

____

____

Trinkbecher
Luftballon

Stelle den Trinkbecher vor dich auf den Tisch. Halte den Luftballon hinein. Blase ihn jetzt auf. Halte mit den Fingern das Mundstück fest und hebe den Luftballon hoch.

Experiment 2:

____

____

____

dünne Schnur
Strohhalm
Klebestreifen
Luftballon

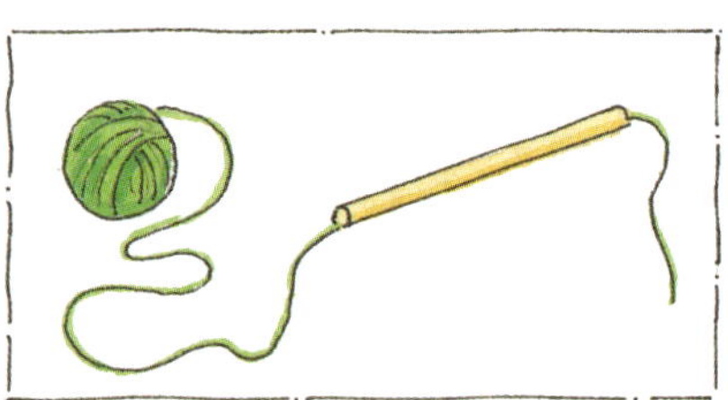

Ziehe die Schnur durch den Strohhalm.

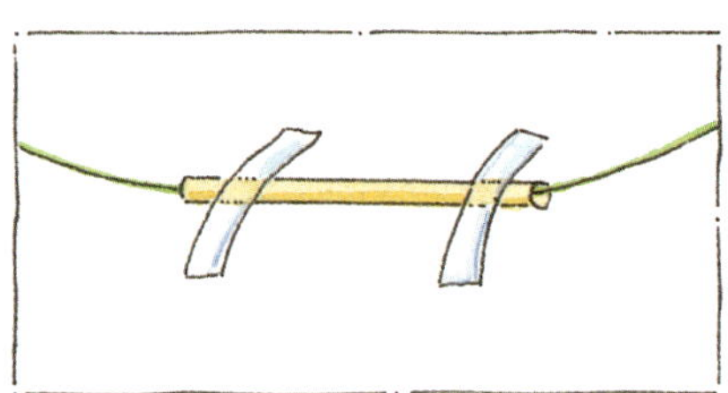

Befestige zwei Klebestreifen am Strohhalm.

Blase den Luftballon auf und halte ihn gut fest.

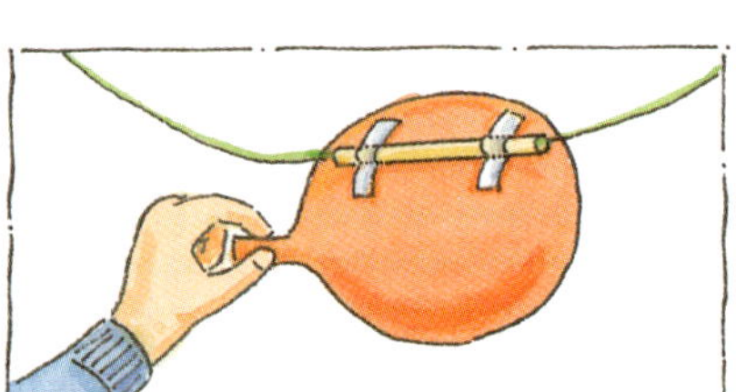

Bringe die Klebestreifen an den Luftballon an.

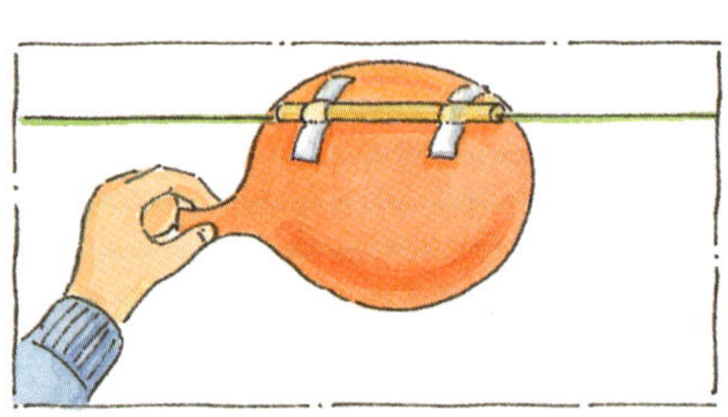

Spanne die Schnur.

Lasse den Luftballon los. Male auf, was passiert.

2 Beobachte wieder ganz genau. Male auf, was passiert. Weißt du, warum das so ist?

Experiment 3:
Stelle das Teelicht in die Mitte des Tellers. Zünde das Teelicht an. Stülpe vorsichtig das Glas über das Teelicht.

Teelicht
flacher Teller
Feuerzeug
leeres Glas

Experiment 4:
Lege auf die kalte, leere Flasche ein angefeuchtetes Geldstück. Erwärme die Flasche mit deinen Händen.

leere Glasflasche, die eine Stunde im Kühlfach lag, angefeuchtete Münze

3 Versuche, ein Gummibärchen unter Wasser zu drücken, ohne dass es nass wird. Schreibe Schritt für Schritt auf ein Blatt, wie du vorgegangen bist.

Mit Zeitungstexten umgehen

1 Lina und ihre Oma lesen die Tageszeitung. Ihnen fällt auf, dass nur bestimmte Sachgebiete vorkommen. Nimm dir eine Zeitung und prüfe, welche das sind. Unterstreiche sie.

2 Ordne die Überschriften den unterschiedlichen Sachgebieten aus Aufgabe 1 zu.

a) Bundeskanzlerin 5 Tage in Paris ____________

b) Junge Band gibt Konzert in Berlin ____________

c) Umgestürzter Baum in Ravensburg ____________

d) Heute beginnt die Olympiade ____________

e) Bergsteiger in Gefahr ____________

f) Welpen zu verschenken ____________

g) Benzin wird teurer ____________

3 Über welches Ereignis würdest du gerne in der Zeitung lesen? Finde eine passende Überschrift.

____

4 Berichte zum gleichen Ereignis können verschieden geschrieben sein. Markiere die Unterschiede farbig.

Unfall
Ein Verkehrsunfall führte gestern für einige Zeit zur Unterbrechung von Telefonverbindungen. Ein Fahrzeug hatte eine zentrale Schaltanlage umgefahren.

Verkehrsunfall mit Folgen
Ein Verkehrsunfall in der Innenstadt von Ravensburg führte gestern Abend für fünf Stunden zur Unterbrechung aller Telefonverbindungen. Ein Lastwagen hatte eine zentrale Schaltanlage umgefahren. Personen wurden nicht verletzt.

5 a) Lina hat einen Bericht für die Zeitung geschrieben. Doch Oma findet ihn zu lang. Markiere, was wichtig ist.

Neues Tierheim eröffnet
Nach langem Warten war es gestern endlich so weit: Das neue Tierheim für Tiere vieler Arten wurde in Anwesenheit des fröhlich gestimmten Bürgermeisters eröffnet. Viele alte und junge Leute in der Stadt freuten sich, weil nun auch die herrenlosen großen und kleinen Hunde und Katzen in unserer Stadt ein angenehmes Zuhause erhalten. Das lang ersehnte Tierheim ist in der Waldstraße 32 und hat die leicht zu merkende Telefonnummer: 36 55 36.

b) Schreibe selbst einen kürzeren Bericht über die Eröffnung des Tierheims.

Informationen aus dem Internet

1 Jannik sucht im Internet nach Informationen. Dafür nutzt er Suchmaschinen. Schau dir an, was Jannik macht.

Hier gibt Jannik die Internetadresse ein.

Im Eingabefeld gibt er den Suchbegriff ein. Dieser sollte möglichst genau sein. Jannik wählt „Königspinguin“.

Danach klickt Jannik auf „Suchen“.

Die Suchergebnisse heißen „Link“. Jeder Link enthält Informationen zum eingegebenen Suchbegriff.

Den unterstrichenen Teil eines Links kann er anklicken. Durch das Anklicken wird Jannik auf die gewünschte Internetseite weitergeleitet. Dort findet er Informationen zum gesuchten Thema.

2 Suche jetzt selbst im Internet nach Informationen über Astrid Lindgren.

Eine bekannte Suchmaschine für Kinder ist: www.blinde-kuh.de

Tipp Um einen Sachtext schnell auf seine Inhalte zu prüfen, kannst du ihn überfliegen. Das bedeutet, beim Lesen auf wichtige Begriffe zu achten und dir zu merken, wo diese im Text stehen. So weißt du sehr schnell, worum es inhaltlich geht und wie du dich zurechtfindest.

3 a) Jannik hat einen Sachtext über Königspinguine gefunden und ausgedruckt. Überfliege ihn inhaltlich. Schreibe fünf wichtige Begriffe auf ein Blatt.

Der Königspinguin erreicht eine Größe von 90 bis 110 cm und wiegt ungefähr 15 kg.
Seine Federn ähneln kleinen Haaren.
Sein Körper ist hervorragend an das Leben im Wasser angepasst. Er besitzt flossenartige Flügel, die er zum Rudern im Wasser benutzt.
Seine Beine, die mit Schwimmfüßen versehen sind, dienen ihm zum Steuern.
Seine Fettschicht unter der Haut bewahrt seinen Körper vor zu starker Auskühlung.
Der Königspinguin ist ein reiner Fleischfresser.
Manchmal muss er bis zu 250 m tief tauchen, um Nahrung aufzuspüren. Da er einen sehr großen Magen hat, kann er bei einer Jagd bis zu 20 kg Fleisch fressen.
Königspinguine sind sehr gesellige Vögel und leben in großen Gemeinschaften. Sie gehen in Scharen ins Wasser, suchen in größeren Schwärmen ihre Nahrungsgebiete auf und brüten auch gemeinsam.

b) Kennst du die Antworten auf folgende Fragen? Markiere die Textabschnitte in den Farben der Fragen.

1. Wie tief muss der Königspinguin manchmal nach Nahrung tauchen?
2. Warum ist der Königspinguin hervorragend an das Wasser angepasst?
3. Wie schwer ist ein Pinguin?

Wiederholung

1 In jedem Satz von Ritter Rudolf ist ein Wort zu viel. Streiche es durch.

Ritter Rudolf schnell rennt zu seinem Pferd.
Er sattelt stampft es.
Schnell galoppiert er auf davon.

2 Schreibe zu jedem Bild einen treffenden Satz auf.

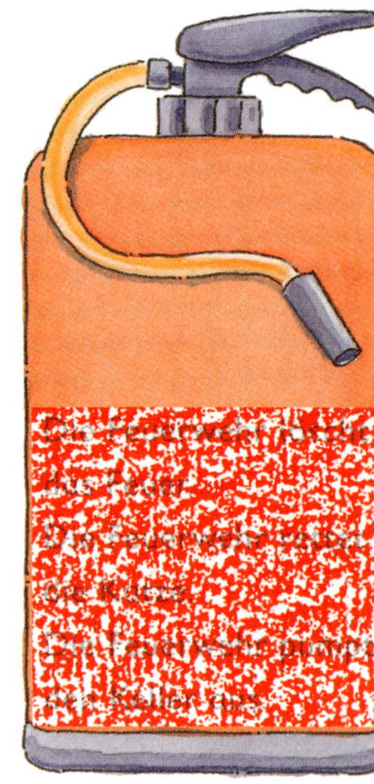

3 Lies den Text aufmerksam. Unterstreiche wichtige Informationen farbig. Kreuze bei jeder Aussage unten an, ob sie richtig oder falsch ist.

> Schildkröten haben einen starken Panzer. Sie haben kurze, dicke Beine. Damit kommen sie nur langsam voran. Es gibt Landschildkröten, Süßwasserschildkröten und Meeresschildkröten.

	richtig	falsch
a) Schildkröten haben lange, dünne Beine.		
b) Damit können sie nur langsam rennen.		
c) Schildkröten haben einen Panzer.		
d) Alle Schildkröten leben in Flüssen.		

4 Lies die Texte und markiere farbig, was wichtig ist. Wähle dann die passende Überschrift aus und schreibe sie jeweils zum Text.

Hier muss jeder Verkehrsteilnehmer anhalten. Der Verkehr von rechts und links hat Vorfahrt. Radfahrer müssen einen Fuß auf den Boden stellen, auch wenn kein anderer Verkehrsteilnehmer an der Kreuzung zu sehen ist.

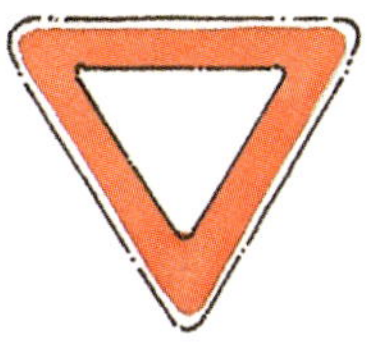

Alle Verkehrsteilnehmer von rechts und von links haben Vorfahrt.

Bei diesem Zeichen hat man Vorfahrt. Dennoch sollte man auf andere Verkehrsteilnehmer achten und die Vorfahrt nicht erzwingen.

5 Lies die Bastelanleitung gut durch. Falte den Flieger.

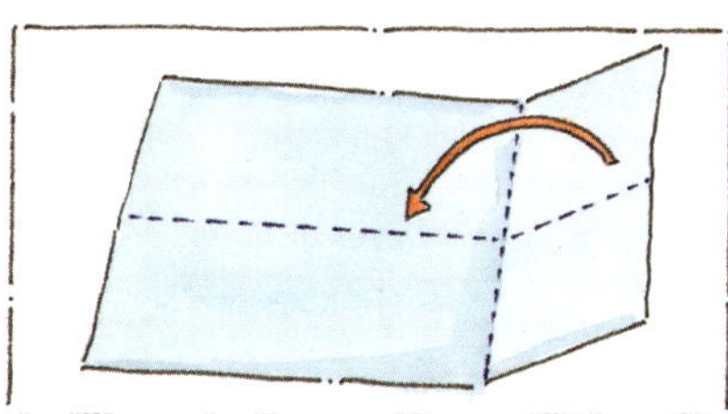

Falte das Papier längs, öffne es wieder und falte einen Teil des unteren Endes hoch.

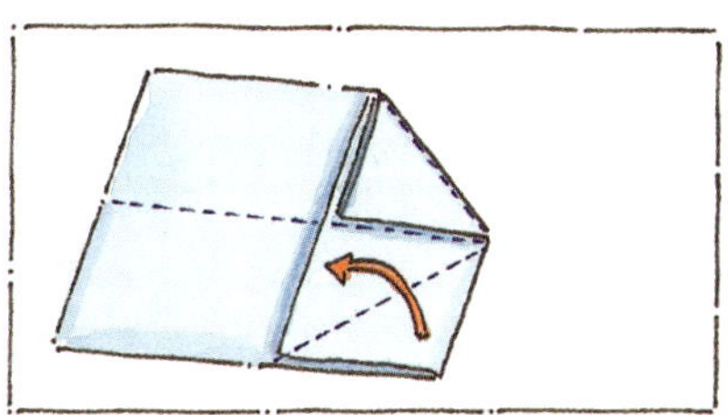

Falte die beiden unteren Ecken dann bis zum Mittelknick.

Falte das Papier wieder in der Mitte zusammen.

Falte beide Tragflächen neben dem Mittelknick zurück.

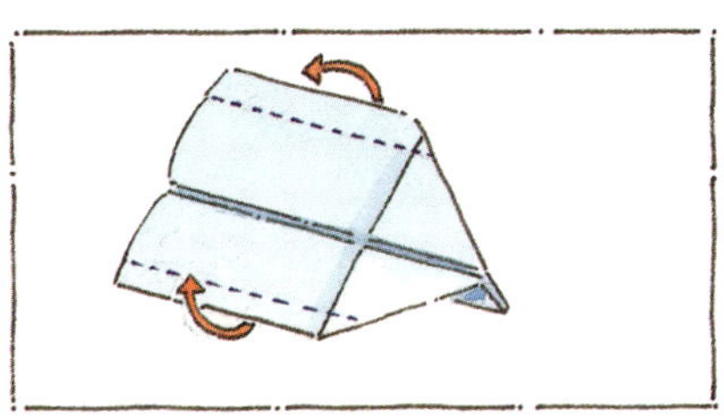

Falte die Außenkanten der Tragflächen nach oben.

Lasse den Flieger fliegen.

Alles auf einen Blick

1 Alle wichtigen Schritte, um einen Sachtext gut zu verstehen, sind hier zusammengefasst. Gehe die Tipps Schritt für Schritt durch.

Wenn du noch mehr wissen möchtest, suche im Internet nach Informationen.

1. Lies die Überschrift. Schau dir die Bilder an.

2. Lies den Text einmal durch.

3. Stelle dir Fragen zum Text:
Worum geht es in dem Text?
Was weißt du schon über das Thema?
Was möchtest du noch wissen?

4. Lies den Text nun noch einmal langsam und genau.

5. Markiere wichtige Stellen im Text und schreibe Stichwörter heraus.

6. Erzähle den Inhalt des Textes mithilfe der Stichwörter.

2 Wende nun alle sechs Schritte bei diesem Sachtext an.

Der Hubschrauber

Ein Hubschrauber kann durch die Luft fliegen. Im Unterschied zu einem Flugzeug hat er keine Tragflächen. Dafür hat er einen großen Rotor auf dem Dach der Kabine und meistens einen kleineren hinten am Heck. Ein Rotor sieht wie ein großer Propeller aus und besteht aus zwei bis vier Flügelblättern. Der Rotor dreht sich ganz schnell. Die sich drehenden Flügelblätter halten den Hubschrauber in der Luft.

Der Hubschrauber kann steil nach oben und unten fliegen. Er kann auch zur Seite, vorwärts und rückwärts fliegen. Ein Hubschrauber kann sogar in der Luft stehen bleiben. Zum Starten und Landen braucht ein Hubschrauber nur wenig Platz.

Ein Hubschrauber kann für viele Aufgaben verwendet werden, zum Beispiel für Rettungsflüge und zum Löschen von Bränden, zur Verkehrsbeobachtung sowie zur Schädlingsbekämpfung.

Knack den Code

Auf jeder Doppelseite findest du eine kleine braune Lupe. Darin steht jeweils eine Zahl.

- Schreibe die Zahlen nacheinander auf die Linien.
- Ersetze sie dann durch die Buchstaben, die auf dem Zettel versteckt sind: zum Beispiel 8 durch den Buchstaben B.
- Trage jeweils den passenden Buchstaben unter der Zahl ein. Wie heißt der Lösungssatz?

CODE

1 =	4 =
8 =	5 =
7 =	14 =
11 =	3 =
2 =	13 =
9 =	6 =
12 =	10 =

_____ _____ _____ _____ _____ , _____ _____ _____ _____

_____ _____ _____ _____   _____ _____ 5 11 9 4 7 !

Code geknackt:

Fingerabdruck

Datum

Mein Detektivname

Unterschrift